001

002

003

004

005

006

007

008

009

010

011

012

013

014

015

016

017

018

019

020

021

2

022

023

024

025

026

027

028

029

030

031

032

033

034

035

036

037

038

040

041

039

042

043

044

045

046

047

048

049

050

051

052

053

054

055

056

057

058

059

060

061

062

063

064

065

066

067

068

069

女性に贈る

070

071

072

073

074

075

076

077

078

079

080

081

082

083

090

092

091

093

094

095

096

097

098

099

100

101

102

103

104

105

106

107

108

109

110

111

14

112

113

114

115

116

117

118

119

120

121

122

123

124

125

126

127

128

129

130

131

132

133

134

135

136

137

138

139

140

141

142

143

144

145

146

147

148

149

150

151

152

153

154

155

156

157

158

159

160

161

162

163

164

165

166

167

168

169

170

171

172

173

174

175

176

177

188

189

190

191

192

193

194

195

196

197

198

199

200

201

202

203

204

205

206

207

208

209

210

211

212

213

224

225

226

227

228

229

230

231

232

233

234

235

236

237

238

239

240

241

242

243

244

245

246

247

248

249

250

251

252

253

254

255

256

257

258

259

260

261

262

コヒ｜・ココア

263

264

265

266

267

268

269

270

271

272

273

274

275

276

277

278

279

280

281

282

283

284

285

286

287

288

289

290

291

292

293

294

295

296

40

297

298

299

300

301

302

303

304

305

306

307

308

309

310

311

312

313

314

315

316

317

318

319

320

321

322

43

323

324

325

326

327

328

329

330

331

332

333

334

335

336

337

338

339

340

341

342

343

344

345

346

347

348

349

350

351

352

353

354

355

356

357

358

359

360

361

362

363

364

365

366

367

368

369

370

371

372

373

374

375

376

377

378

379

夏の便り ◆廿三氏◆

380

381

382

383

384

385

386

387

389

388

390

391

392

393

394

395

396

397

398

399

400

401

402

403

404

405

406

407

408

409

410

流行界

411

412

413

414

415

416

417

418

419

420

421

422

423

424

425

426

427

428

429

430

431

432

433

434

435

436

437

B

438

439

440

441

442

443

444    445    446    447

448

449

450

451

452

453

454

455

456

457

458

459

460

461

462

463

464

465

466

467

468